EXAMEN

DU

PROJET DE LOI

CONTRE

LA PRESSE.

EXAMEN

DU PROJET DE LOI

CONTRE

LA PRESSE;

Par A. Ch. Renouard,

AVOCAT A LA COUR ROYALE DE PARIS.

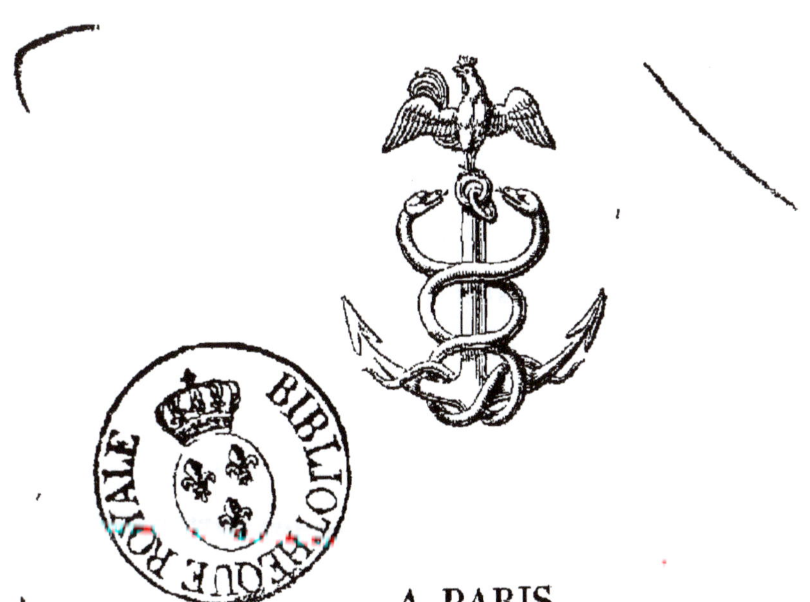

A PARIS,

CHEZ JULES RENOUARD, LIBRAIRE,

RUE DE TOURNON, Nº 6.

MDCCCXXVII.

EXAMEN

DU PROJET DE LOI

CONTRE

LA PRESSE.

EN prenant la plume pour combattre le nouveau projet de loi contre la presse, il est difficile de se défendre d'un grave embarras. Peut-être y a-t-il plus que de la bonne foi à entreprendre une discussion froide et rationnelle sur une matière aussi offensante. Quand le combat se livre avec franchise entre des principes opposés, quand la raison peut de part ou d'autre rester accessible à la conviction, quand on sait, ou qu'on espère, que la victoire appartiendra aux argumens les meilleurs, alors on doit se sentir soutenu dans la lutte par la pureté de ses intentions. Mais ici que peut-on faire? prouver que le projet tue la liberté d'écrire, tandis que cette difformité qui le fait paraître si laid à nos yeux est précisément, pour d'autres, la beauté qui les séduit. Je dirai : vous ôtez à la presse son influence, vous ruinez les imprimeurs et les libraires, vous anéantissez les journaux. Je le démontrerai : où donc sera mon succès? Moins il y aura de liberté pour les écrivains, d'indépendance pour les imprimeurs et les libraires, d'instruction pour le public; mieux les intentions des auteurs du projet se trouveront satisfaites. Je risque de le recommander en l'attaquant; et mieux la légitimité de mon attaque sera démontrée, plus elle deviendra un sujet de dérision et de moquerie.

Qu'y a-t-il donc à faire pour entrer dans cette discussion? est-ce de commencer par prouver que la liberté est bonne? autre témérité ! tout n'a-t-il pas été dit sur ce chapitre ? amis et ennemis n'ont-ils pas arboré leurs couleurs ? ceux qui ne goûtent pas la liberté, ceux que l'histoire n'a point instruits, ceux qui ont résisté à l'enseignement des revers et des succès, ceux que tant de voix éloquentes de tous les pays et de tous les âges n'ont point remués, ceux dont la conscience ne sent pas dans la liberté ce qui fait l'homme, ce qui le distingue de la brute, ce qui l'appelle à la vie des cieux ; ceux-là, ce n'est pas moi, faible, isolé, qui entreprendrai de les convertir. Une telle présomption ne m'aveugle pas.

Je partirai donc de ce point que la liberté est bonne ; et je ne le prouverai pas. Je me refuserai même à profiter des faciles avantages que peuvent offrir les hypocrites paroles de ceux qui rendent à la liberté un hommage involontaire, même dans l'insulte qu'ils lui font en invoquant son nom pour la détruire, Je dirai : la liberté est bonne, et vous conspirez contre la liberté. Ceux qui ne veulent point d'elle n'ont pas besoin de me lire. Je n'attends de leur part qu'une exclamation de dédain, si, toutefois, ils prennent la peine de s'occuper de moi jusque-là. Et je l'avoue en toute sincérité, je serais très fâché de compter pour quelque chose dans la pensée de ces hommes qui se targuent du nom d'habiles parce que pour eux la foi dans son opinion n'est que chimère ou que sottise.

Maintenant donc, pourquoi vais-je écrire ? pour obéir à un profond sentiment d'indignation et de douleur ; pour essayer, à tout risque, de parler raison ; pour démontrer que la liberté est morte, ou sommeille, si la loi est adoptée. C'est là que je veux borner ma tâche. D'autres, plus éloquens, pleureront sur la liberté perdue. D'autres feront retentir de prophétiques accens, et proclameront ce que l'expérience de tous les siècles raconte, c'est que le crime de vouloir tuer la liberté n'est jamais long-temps impuni. Ce sont ces voix-là qu'il faut écouter, hommes imprudens, qui, pour la misérable prééminence de vos intérêts personnels, jouez le repos de votre patrie et peut-être la paix du monde. Hâtez-vous de profiter de vos triomphes. Je ne sais s'ils seront courts; mais, grâces à la Providence dont la civilisation est l'ouvrage, on peut proclamer hardiment qu'ils ne seront pas durables.

Voici donc l'auditoire auquel je m'adresse. C'est aux hommes qui, sincères amis de la liberté, détestent par conséquent avec une égale sincérité la licence. C'est à ceux qui pensent que l'on est libre d'écrire, comme on est libre de parler, mais qui veulent que tous les délits que l'on commet à l'aide de la presse soient réprimés par des punitions sévères. C'est aux hommes qui, pleins de respect pour l'intelligence et la moralité dont Dieu a doué notre nature, veulent que de tous côtés elles cherchent et trouvent des alimens; et qui, à aucun de leurs semblables, ne souhaitent l'ignorance, parce qu'elle est presque le néant de l'âme.

Déjà la partie du public à laquelle cet écrit s'adresse a flétri de sa désapprobation le nouveau projet de loi, que l'on a universellement accueilli comme une conception astucieuse inventée pour nous faire déchoir de notre rang de peuple intelligent, et pour nous montrer en perspective, comme le but le plus heureux de la politique sociale, l'abrutissement moral des apostoliques d'Espagne ou des Turcs. Je publie cette brochure parce que je veux joindre ma voix à toutes celles qui protestent contre les malheurs vers lesquels on nous entraîne; et parce que je crois utile que l'on multiplie les attaques et les commentaires, afin que chacun soit mis en état de se rendre, de son dégoût pour le projet, un compte plus précis et mieux démêlé.

La question présente n'est pas nouvelle, c'est le rajeunissement de la vieille querelle entre la justice et la police.

La justice laisse parler, mais elle punit les paroles qui blessent; elle laisse écrire et imprimer, mais elle réprime les délits dont l'écriture et la presse ont été les propagateurs et les instrumens : tous les droits sont sacrés à ses yeux, mais elle châtie les hommes qui abusent de leurs propres droits pour offenser les droits des autres; elle s'impose pour premier devoir de dissiper autour d'elle les ténèbres; elle appelle au pied de son tribunal tous les intéressés, afin d'entendre leurs discussions contradictoires; elle prononce ses arrêts tout haut, et en les motivant, soigneuse de porter la conviction dans les esprits et d'être utile à l'enseignement de tous. La police s'inquiète peu d'être utile; sa seule ambition est d'être puissante; elle intercepte, de sa pleine autorité, les pensées et les paroles, bonnes ou mauvaises, avant qu'elles ne se produisent au-dehors; défiante et jalouse, elle ne redoute rien tant que la lumière, et s'étudie à frapper dans l'ombre, ne fût-ce que pour troubler les esprits, et pour grossir l'opinion de sa force par les incertitudes et la crainte :

pour le service du sérail, elle fait des muets et des eunuques ; en France, elle a créé, soutenu, caressé la censure.

La justice, en matière de presse, c'est le régime répressif ; la police, c'est le régime préventif. L'entreprise actuelle de la police sur la justice est des plus graves, car il s'agit de nous rendre plus que ce que l'on a connu jusqu'ici de la censure. C'est M. le garde-des-sceaux, ministre de la justice, qui s'est chargé de stipuler les intérêts de la police.

La blessure que le nouveau projet fait à l'opinion publique est d'autant plus vive que l'on avait quelque lieu de se flatter qu'enfin le débat entre les systèmes répressif et préventif avait été vidé, au moins en théorie. Est-il besoin de rien ajouter aux lumineuses discussions des lois de 1819 sur la presse ? La Charte n'avait-elle pas déjà tranché la question par son article 8 *? — Ou bien faut-il que

* Article 8 : « les Français ont le droit de publier et de faire imprimer leurs opinions, en se conformant aux lois qui doivent réprimer les abus de cette liberté. »

nous en revenions aux débats de 1814 sur la signification grammaticale de *prévenir* et de *réprimer?* Cette querelle de mots ne sera pas renouvelée. On ne se cache plus maintenant pour se défaire des dispositions que l'on trouve incommodes dans cette Charte, qui est imparfaite sans doute puisqu'elle offre si peu de ressources pour se défendre elle-même, mais qu'il faudrait au moins respecter comme un traité d'alliance juré dans toutes les occasions critiques ou solennelles.

La Charte avait proscrit la censure, et proclamé la liberté de la presse, que le parlement de Paris avait sollicitée en 1788, *sauf,* disait-il, *à répondre des écrits répréhensibles, suivant l'exigence des cas;* que l'Assemblée constituante avait décrétée; qui avait été souillée par la licence et glacée par la terreur; qui avait mis à nu l'impuissance du Directoire, et accéléré sa chute; qui, silencieuse et esclave sous l'Empire, l'aurait peut-être sauvé, si elle eût pu alors le servir en l'éclairant; car, ainsi qu'on le dit souvent, on ne s'appuie que sur ce qui résiste.

Jusqu'en 1819, la séparation fut mal faite entre la répression et la prévention. Le mérite des lois de cette époque est d'avoir proclamé hautement et avec franchise l'abandon du système préventif : la pensée dominante de ces lois, c'est qu'il n'y a point de délit spécial que l'on puisse nommer délit de la presse; c'est que l'on peut avec la presse commettre un délit comme avec tout autre instrument, comme avec la parole, la plume, le poignard. Il ne faut donc pas s'en prendre du délit à l'instrument; il faut châtier le délit même, ou plutôt le délinquant. Si l'on outrage la morale, la royauté; si l'on provoque au meurtre, à la rébellion, à des actions défendues par les lois; si l'on diffame un ou plusieurs individus; si l'on offense des sentimens respectables de religion ou de devoir, ce sont là des délits que la loi doit prévoir et que la justice doit punir.

En se tenant dans les larges voies que les lois de 1819 avaient ouvertes, on pouvait, suivant la différence des opinions, mettre plus ou moins de rigueur dans la spécification des délits, et dans la détermination des peines. On pouvait aussi adopter des systèmes divers sur les meilleurs modes d'instruction et de jugement.

Mais pour rester fidèle à ce système général de la législation de 1819 sur la presse, capable de satisfaire ainsi à toutes les exigences, une condition était indispensable, c'était d'aimer la liberté.

Or, c'est là surtout ce qui manque à nos ministres, et au parti qui les pousse et les domine.

Ainsi donc il faut rentrer encore dans des débats terminés. Des principes clairs et féconds ont été abandonnés, lorsque, semés à peine, ils ne pouvaient encore avoir porté leurs fruits. Au lieu d'achever l'édifice, tous les efforts ont été employés à en miner les fondemens. Le cœur se serre de honte et de tristesse, lorsque l'on sent ainsi rétrograder la législation de son pays. La nôtre ressemble, hélas! à la toile de Pénélope : on avance quelque peu le travail pendant que le jour règne; mais la nuit des préjugés et des factions vient couvrir de son crêpe l'horizon politique, et l'on se met à défaire en hâte l'ouvrage commencé.

La législation de 1819 avait le défaut d'être incomplète.

Elle laissait subsister les entraves de police auxquelles l'imprimerie et la librairie se trouvaient soumises.

Le nombre des imprimeurs continuait à être limité; et ce fâcheux monopole, en privant le public du bienfait de la concurrence, et en mettant des obstacles illégitimes à la liberté naturelle d'industrie, laissait en même temps, pour l'asservissement futur de la presse, des facilités qui n'ont pas, à beaucoup près, été négligées plus tard.

La profession de libraire n'était pas limitée, comme celle d'imprimeur, par un texte de loi; mais la nécessité d'être pourvu d'un brevet, et la toute-puissance, laissée à l'autorité administrative, de l'accorder ou de le refuser, permet de restreindre arbitrairement le nombre des libraires. C'est ce qui arrive maintenant. L'administration ne délivre plus de brevets à tous ceux qui en sollicitent. Il faut lui présenter le brevet d'un libraire démissionnaire; en sorte que les temps se préparent, où il existera des offices de libraire, vénaux et transmissibles, comme ceux des avoués, des agens de change, des boulangers, etc.

En outre de ces limitations, l'article 12 de la loi du 21 octobre 1814 permet de retirer le brevet à tout imprimeur ou libraire convaincu par jugement d'avoir contrevenu aux lois ou réglemens; ce qui transporte à l'administration, l'application d'une disposition pénale qui, de sa nature, ne pourrait être légitimement prononcée que par l'autorité judiciaire.

Le monopole et la censure préalable ont été maintenus aussi pour les représentations théâtrales.

La censure préalable a continué de peser sur la publication des dessins gravés ou lithographiés.

Le commerce de la librairie avec l'étranger, quoique demeuré libre, si l'on consulte le texte de nos lois, est esclave par les habitudes de nos douanes, qui s'arrogent arbitrairement le droit de prohiber telles ou telles importations ou exportations.

La censure préalable des affiches et placards était incompatible avec le texte des lois de 1819, mais on avait oublié de modifier ou d'abroger l'article 290 du Code pénal qui, ne permettant pas de faire le métier de crieur, ni d'afficheur, sans y être autorisé par la police, laisse celle-ci la maîtresse des conditions auxquelles il lui plaît de subordonner l'exercice de cette profession. C'est ainsi que chaque jour l'on défend d'annoncer par des affiches beaucoup de livres que l'on n'ose ni saisir ni déférer aux tribunaux.

La législation de 1819 n'aurait été complète et efficace, que si toutes ces entraves avaient été enlevées. C'est alors seulement que la presse aurait été tout-à-fait libre.

C'était à toutes cés imperfections qu'il fallait porter remède. C'étaient ces barrières qu'il fallait abattre.

Mais le progrès vers le bien fut court.

Deux lois de censure des 31 mars 1820, et 26 juillet 1821, vinrent suspendre la liberté des journaux.

Les lois des 17 et 25 mars 1822 signalèrent, par leur adoption, l'avènement du ministère actuel.

Il faut distinguer, dans ces lois, ce qui est conciliable avec le régime répressif, et ce qui marquait le retour vers le régime préventif.

Nous n'avons pas à nous occuper ici de tout ce qui s'est fait dans la sphère du système répressif.

Ainsi la loi du 25 mars modifiait la désignation des délits et aggravait les peines par son titre premier; par son titre second elle transportait du jury aux tribunaux correctionnels et aux cours royales la connaissance des délits opérés par le moyen de la presse. Ces dispositions, de quelque manière qu'on les juge, n'étaient pas du moins un abandon du régime répressif.

Mais c'était dans la loi du 17 mars, relative à la police des journaux et écrits périodiques, que le retour au système préventif se trouvait marqué très nettement.

Par l'article premier, les journaux alors existans étaient dotés du monopole et aucun autre ne pouvait paraître qu'avec autorisation du gouvernement.

Par l'article 3, on conférait aux cours royales, réunies en audience solennelle, une attribution de police préventive; on leur donnait le pouvoir de suspendre ou de supprimer les journaux pour cause de tendance.

Par l'article 4, les ministres acquéraient la faculté de rétablir temporairement la censure, en vertu d'une sorte de pouvoir dictatorial.

C'est avec la législation de 1819, modifiée par les deux lois de 1822, que les ministres actuels ont eu à gouverner la France.

Leur projet de loi annonce que le régime répressif, bien que la loi du 25 mars 1822 en ait aggravé la rigueur, ne peut plus leur suffire.

Que faut-il voir dans cette incompatibilité d'un ministère avec tout système quelconque de répression?

C'est proclamer fort explicitement qu'il s'agit désormais, non plus de réprimer par des peines tout ce qui sera publié de mauvais, mais d'atteindre ce qui ne peut pas tomber sous les coups de la peine. C'est vouloir ajouter l'innocent au coupable; c'est vouloir se défaire par la police, de ceux que la justice ne condamnerait pas. Déclarer qu'on ne peut pas gouverner avec le seul système répressif, c'est

2

notifier à tous que les discussions loyales et ouvertes ne peuvent pas tout dire; c'est annoncer que l'on veut gouverner par des motifs qui ne supportent ni l'examen de la discussion contradictoire, ni le grand jour de la publicité. C'est confesser sa tyrannie.

En enlevant, en 1822, la connaissance des délits de la presse au jury pour la transporter aux tribunaux et aux cours, nos ministres avaient compté que la répression rendue si sévère par la nouvelle loi suffirait à les garantir contre les écrits autres que les journaux.

Ils pouvaient, il est vrai, se passer de dessaisir le jury d'attributions aussi importantes; l'état de la législation leur permettait de façonner chaque jury de jugement en autant de commissions. Mais on craignit que cette ressource ne fût pas assez efficace. On répugnait à initier de simples citoyens dans la discussion des questions de droit public, et à leur conférer le pouvoir de les juger. La reconnaissance d'un pareil droit était imprégnée d'une odeur de démocratie qui faisait mal. Le moyen pouvait n'être pas toujours sûr : la formation des commissions de jurys était, d'ailleurs, une perpétuelle fatigue, une occasion souvent renaissante de plaintes amères, et de responsabilité sinon légale, car nous n'en connaissons pas de cette nature, du moins morale et d'opinion. Les tribunaux avaient, jusque-là, marché généralement d'accord avec le pouvoir. La loi, si sévère, de novembre 1815 avait toujours été appliquée par eux dans toutes ses rigueurs. On crut faire merveille de rendre à l'ordre judiciaire la connaissance du point de fait en matière de presse.

Au moment où l'on aggravait les rigueurs de répression pour les publications ordinaires, et où l'on s'étayait des magistrats pour ne laisser rien relâcher de ces rigueurs, on rentrait à pleine voile, pour les journaux, dans les précautions préventives.

La combinaison de la limitation de nombre, et des suppressions pour tendance, était profondément habile pour annuler l'influence des journaux. C'était encore, en cela, sur la magistrature que l'on comptait. C'était dans sa main que l'on déposait cette redoutable attribution de police.

Chacun sait aujourd'hui de quelles espérances l'adoption de ce plan a bercé ses auteurs.

Le problème à résoudre était de rendre ministériels tous les journaux, quelle que pût être l'ineptie, la corruption ou la trahison du ministère. On portait la prévoyance jusqu'à permettre la petite guerre, et l'on avait arrêté pour tactique de faire manœuvrer les journaux dans des joûtes et dans des évolutions de parade, où chacun d'eux devait recevoir les emblèmes et porter les couleurs de partis différens.

Acheter tous les journaux que l'on pourra, déterminer à se vendre; supprimer pour tendance les récalcitrans : tels étaient les moyens d'exécution.

Ce plan échoua par un point auquel peu de personnes s'étaient attendues. Au lieu de la souplesse sur laquelle on avait compté, on rencontra de la résistance dans le sein des cours royales et notamment dans la cour royale de Paris devant laquelle les procès les plus importans ne pouvaient manquer d'être amenés.

Plusieurs circonstances ont contribué à faire éclater dans nos magistrats le sentiment de leur dignité : deux occasions surtout méritent par leur importance d'être signalées particulièrement.

La célèbre caisse de l'amortissement de l'esprit public laissa échapper le secret de ses marchés : des révélations inattendues et des procès scandaleux vinrent exciter l'indignation et la surprise des magistrats. Beaucoup d'entr'eux n'étaient point exempts peut-être de préjugés politiques ; mais un profond sentiment d'honneur et de probité, mais une austère délicatesse qui se soulève contre les turpitudes, distinguent éminemment les magistrats de cette cour. C'est un hommage que l'on doit se plaire à leur rendre lorsque l'on est appelé à les approcher souvent et à mesurer toute l'étendue de l'influence que les considérations d'équité et les principes d'une morale généreuse exercent sur leurs esprits. Les personnes mêmes qui seraient tentées quelquefois de s'écarter d'eux, dans l'appréciation de certaines questions théoriques, n'en rendent pas moins une éclatante justice à cette vertu pratique et persévérante, et, si l'on ose le dire, à cet instinct de moralité.

Sur de tels hommes, l'agiotage de la caisse d'amortissement des journaux dut produire et produisit en effet le sentiment d'un profond dégoût. Toutes ces combinaisons de corruption et de finesses leur parurent ce qu'elles étaient, de basses et mesquines intrigues. Le pouvoir avait abdiqué par ces trafics toute autorité morale; il ne pouvait plus compter sur la sympathie de la cour royale.

Un autre évènement, connexe avec le premier, le suivit de près et son influence fut la même. Les jésuites, dont on niait encore la présence, et la congrégation, dont l'existence fut si long-temps taxée de chimère, les jésuites, dans l'esprit et sous la direction desquels la loi de tendance avait été conçue, maîtres enfin de beaucoup de positions fortes, et dominateurs de quelques sommités sociales, crurent que le temps d'agir était venu pour eux. Deux journaux qui avaient plus fortement que les autres démasqué leurs projets et dénoncé leurs menées, furent l'objet d'une attaque dont les termes étaient équivoques, mais dont l'esprit était patent. La cour de Paris n'avait pas oublié les vieilles traditions de ce parlement, si glorieux dans notre histoire, malgré ses erreurs, et dont beaucoup de magistrats, fiers à bon droit d'un tel patrimoine, conservaient l'esprit et les leçons. En se retrouvant en présence des jésuites, en les reconnaissant à leurs œuvres, la cour comprit que le bien de la religion exigeait une réprobation solennelle: le *Constitutionnel* et le

Courrier furent acquittés; les menées de l'ul-
tramontanisme et les dangers de l'invasion des
jésuites furent signalés à l'attention publique.

Beaucoup d'autres cours du royaume ont
témoigné, par des décisions pleines d'énergie,
leur adhésion à ces arrêts.

La cour royale de Paris n'avait pas abdiqué
pour cela ses anciens principes. Elle a continué à déployer contre les torts de la presse
une sévérité qu'il a dû nous être permis de
trouver quelquefois excessive.

Mais le coup était porté. Si l'on ne pouvait
pas, plus que par le passé, contester à la cour
de Paris la sincérité de son dévoûment politique ni même des appréhensions trop vives
contre de fort légitimes idées de liberté; d'un
autre côté, la preuve demeurait acquise
qu'entr'elle et les jésuites il y avait incompatibilité d'humeur, et l'on savait assez que ni la
cour de Paris ni les autres magistrats du
royaume ne sont habitués à reculer.

Il fallait donc que le ministère, sous peine

d'être grondé par les jésuites, revînt sur ses pas. Quelques coups d'état frappés sans trop de convenance contre la magistrature n'avaient été que ridicules , et ces gaucheries étaient restées sans résultats. Ce qu'il fallait ressaisir, c'était , contre la presse périodique, la part de police préventive trop légèrement confiée aux cours royales qui voulaient en user sans complaisance pour ceux au service desquels on voulait se montrer complaisant. Ce qu'il fallait détruire, c'était le système de répression contre les délits de la presse non périodique, dont on avait fait juge la magistrature.

Les incertitudes de la faction nous ont été révélées. L'œuvre n'était pas facile.

On a beaucoup parlé d'un projet qui aurait permis de traduire les écrivains devant un des tribunaux quelconques du royaume. Cette ubiquité de poursuites pouvait entraîner les mêmes inconvéniens que la loi de tendance : les magistrats que l'on choisirait pour condamner, placés ainsi devant l'opinion, en prévention de complaisance pour le pouvoir, seraient tentés peut-être de se montrer de vrais magistrats, et de se refuser à de mesquines sollicitations. Ce n'était pas la peine, pour courir cette chance, de tenter d'introduiredans nos lois une disposition monstrueuse en procédure.

La haute cour de censure, dont un magistrat de la cour royale de Paris, M. Cottu, nous a révélé le projet, avait pour le ministère des dangers que ce magistrat a trop bien signalés, pour qu'il soit besoin de les rappeler encore.

Il paraît enfin que, dans l'embarras de trouver une ressource, quelques-uns ont été jusqu'à songer à rendre au jury les procès de la presse.

La faction qui veut anéantir le régime répressif, et remettre en honneur le système préventif, a été, malheureusement, assez clairvoyante pour ne pas recourir à ce moyen extrême. Au lieu de s'éloigner ainsi de son but, elle a su y marcher très directement.

Elle nous a donné le projet actuel.

Tout est préventif dans ce projet.

Il est divisé-en deux titres; l'un sur la publication, l'autre sur les peines. Le titre 1ᵉʳ se subdivise en deux chapitres relatifs à la publication des écrits périodiques et des écrits non périodiques.

Les publications non périodiques sont partagées en trois catégories :

Ecrits au-dessus de vingt feuilles.

Ecrits de vingt feuilles et au-dessous, jusqu'à cinq.

Ecrits de cinq feuilles et au-dessous.

Tous ces livres continuent à devoir être, avant leur publication, déposés, pour Paris, à la direction générale de la librairie, et dans les départemens, au secrétariat de la préfecture, ainsi que l'exigeait l'article 14 de la loi du 21 octobre 1814.

Le nouveau projet exige, par son article 1ᵉʳ, que le dépôt précède la publication, distribution, ou mise en vente, de dix jours pour les livres au-dessus de vingt feuilles, et de cinq jours pour tout écrit de vingt feuilles et au-dessous.

Le résultat le moins contestable de cette obligation nouvelle, est d'apporter à la publication de tous les ouvrages innocens ou coupables, un retard toujours incommode et nuisible, et très souvent ruineux. Est-il conforme aux règles de la justice distributive, que des écrivains et des éditeurs irréprochables supportent ce préjudice, parce que d'autres écrivains, qui leur sont étrangers, pourront commettre des délits?

Pour compenser les inconvéniens de ce ralentissement des publications, quels sont les avantages que l'on invoque?

Le premier avantage dont les auteurs du projet se flattent, est au contraire ce qui doit alarmer le plus vivement. Lorsque le saint-office de la censure aura fait ses observations sur un livre qui lui déplaira, et l'on sait tout ce qui peut lui déplaire, alors, on travaillera pour effrayer à l'avance l'imprimeur, et on le menacera de sa ruine, s'il ose publier l'ouvrage. Que l'imprimeur n'obéisse point à de telles insinuations; qu'il ait le courage de soutenir la lutte devant les tribunaux; qu'il triomphe; et la censure offensée saura sans peine trouver mille occasions de multiplier autour de lui les tracasseries administratives à chacune de ses publications. Si l'imprimeur fait à sa tranquillité le sacrifice de l'ouvrage qu'il a imprimé; s'il se résigne à perdre ses frais de fabrication, car ce ne sera ni de l'auteur ni du libraire qu'il attendra son paiement puisqu'il ne leur aura rien livré; ou bien si, par une sorte de transaction, l'auteur et l'imprimeur modifient certains passages, qui est assez aveugle pour ne pas voir que c'est là le rétablissement de la censure, avec le cortège de tous ses maux? Le mal le plus profond de la censure, c'est d'introduire dans le langage les tempéramens hypocrites d'une modération feinte et commandée; on fait entendre par des détours, ce qu'il n'est pas permis de dire franchement. Ce jésuitisme de style, fatal aux écrivains, plus fatal encore à la raison publique, énerve et tue la littérature.

On attend de l'article premier du projet un autre avantage ; on espère arriver ainsi à saisir, dès l'instant de la première tentative de publication, la masse entière des éditions que l'on voudra incriminer.

Mais cette saisie intégrale, que l'on présente comme si désirable, n'a-t-elle pas pour effet nécessaire de punir le délit avant qu'il n'ait été commis ? Le devoir et le droit de punir un ouvrage ne peuvent pas préexister au délit dont cet ouvrage est l'instrument. Si un livre est diffamatoire, ce qui le rend punissable c'est qu'il ait été, auprès de certains lecteurs, un organe de diffamation ; si un autre provoque à la rébellion, sa provocation n'a pu exister comme délit qu'après que des lecteurs ont été provoqués. Que serait une publication que le public ne connaîtrait pas ?

En punissant la tentative du délit, à la place du délit lui-même, quelle garantie offre-t-on aux auteurs et propriétaires d'écrits qui se-raient saisis injustement, comme soupçonnés à tort d'une tentative de délit ? Toutes les fois que le ministère voudra ôter d'avance à un ouvrage tout l'effet que pourrait produire sa publication, et lui faire perdre son à propos, il suffira donc d'entamer des poursuites, et d'épuiser à loisir tous les degrés de juridiction. Vainement les tribunaux, en acquittant l'écri-vain, chercheront à le venger d'une attaque illégale ; le ministère public pourra impuné-ment perdre son procès, lorsqu'il n'aura voulu que gagner du temps.

On craint, si les exemplaires d'un livre cir-culent malgré le procès, qu'ils n'acquièrent de la vogue par leur condamnation même, et qu'en même temps qu'ils porteront le ravage dans l'esprit public, il ne fassent la fortune de leur auteur.

Nos lois sur la presse admettent des con-

damnations assez fortes pour que les tribunaux soient toujours les maîtres d'empêcher
qu'un auteur ne spécule avec fruit sur le
scandale qu'il cause. Tant que le procès dure,
il y a peu d'inconvéniens possibles, et beaucoup d'avantages certains, à ce que les pièces
en soient mises sous les yeux du public; c'est
même là, pour la défense, un droit qui ne
peut pas lui être ravi. Craindre que l'opinion
n'exerce de l'influence sur la décision des
magistrats, c'est méconnaître à-la-fois le caractère des magistrats et les droits du public.
Prétendre que la vogue doit s'attacher à un
ouvrage poursuivi, et que les lecteurs pren-
dront nécessairement parti contre l'accusation
pour les passages accusés, c'est faire la cri-
tique la plus amère du pouvoir accusateur;
c'est déclarer que les citoyens sont en perpétuelle défiance contre ses paroles et contre ses
actes. Les décisions des cours de justice fixe-
ront les incertitudes, et enseigneront à tous
comment doivent être partagés l'approbation

et le blâme. Si après une condamnation judiciaire, l'ouvrage, instrument du délit, circule encore, nos lois ont pourvu, par des dispositions efficaces, à la punition de ce nouveau délit. L'article 27 de la loi du 26 mai 1819, est ainsi conçu : « Quiconque, après que la « condamnation d'un écrit, de dessins ou gra- « vures, sera réputée connue par la publica- « tion, dans les formes prescrites par l'article « précédent, les réimprimera, vendra ou dis- « tribuera, subira le *maximum* de la peine « *qu'aurait pu* encourir l'auteur ». La juris- prudence est tellement sévère dans l'applica- tion de cette disposition pénale, que les tribu- naux croient maintenant pouvoir l'étendre aux exemplaires appartenant à des éditions antérieures au jugement de condamnation.

Soit donc que l'on raisonne dans l'intérêt des écrits que tout le monde doit s'accorder à trouver utiles, soit que l'on songe aux abus qu'il serait facile de se permettre contre les ouvrages qui seraient saisis à tort, soit, enfin,

que l'on s'arrête même aux ouvrages destinés
à être condamnés, on voit que rien ne justifie
cet intervalle mis entre la publication et le
dépôt, et que les inconvéniens des circula-
tions clandestines, contre lesquelles nos lois
sont très loin de se trouver impuissantes, ne
font pas, à beaucoup près, compensation avec
le préjudice des retards par lesquels les publications seraient entravées, et avec le rétablissement de toutes les conséquences de la censure.

Le projet attache une très grande importance à ce que l'intervalle qu'il ordonne entre
le dépôt et la publication soit scrupuleusement
gardé; car il veut que l'imprimeur, en cas de
contravention, soit puni d'une amende de
trois mille francs, et que l'édition soit supprimée et détruite.

Cette destruction de toute une édition, pour
punir une simple contravention réglemen-
taire, décèle une profonde haine contre les
livres.

L'édition entière sera détruite et supprimée !

Ne parlons pas ici de l'ineptie financière de ces gardiens de la fortune publique, qui, sans profit pour personne, si ce n'est pour ceux qui spéculent sur l'ignorance universelle, détruisent d'un trait de plume, des valeurs matérielles souvent très considérables. Des principes bien autrement importans que ceux de l'économie politique, sont ici étrangement violés. L'auteur a pu sacrifier aux travaux de sa gloire littéraire, le soin de ses affaires, de sa fortune, de sa santé. Il a dévoué peut-être plusieurs années de sa vie à la mise au jour de l'ouvrage dont il attend quelque honneur pour sa mémoire et quelque bien pour l'humanité. Il a fait plus : redoutant d'éveiller les inquiétudes de la censure, il a évité soigneusement toute parole offensive qui pourrait, soit légitimer, soit même prétexter des poursuites. Travaux inutiles ! prudence perdue ! La négligence d'un employé de l'imprimerie a devancé de douze heures l'époque de la publication, un ouvrier infidèle a distrait un ou deux exemplaires, un ennemi, quel qu'il soit, de l'auteur, de l'imprimeur, du libraire, est parvenu, par fraude, à s'en procurer quelques-uns, et voilà que l'édition est anéantie.

L'imprimeur, dites-vous, la recommencera à ses frais. Et si l'imprimeur est ruiné! le papetier, le fondeur de caractères, les ouvriers, le libraire, l'éditeur, l'auteur, seront donc ruinés aussi? On recommencera! Rendez-donc à l'auteur ses années consumées, sa santé perdue; rendez-lui le courage de recommencer pour se voir anéantir encore.

Cette peine de destruction est monstrueuse; sa combinaison avec l'article 4 la rend plus monstrueuse encore.

Il faut lire le texte de cet article pour croire qu'il s'est trouvé quelqu'un pour l'écrire. Le voici :

« Tout déplacement ou transport d'une par-
« tie quelconque de l'édition hors des ateliers

« de l'imprimeur, et avant l'expiration du dé-
« lai fixé par l'article 1ᵉʳ, sera considéré comme
« tentative de publication.

« La tentative du *délit de publication* sera
« poursuivie et punie dans ce cas, de la même
« manière que le délit. »

Si le rédacteur du projet était jamais entré
dans une imprimerie, s'il avait jamais fait imprimer un livre de quelques feuilles, cet article 4 serait le fruit d'une combinaison qu'il
faut s'abstenir de qualifier : il vaut mieux penser, avec M. de Châteaubriand, que le projet
a été *forgé dans la plus complète ignorance de
la matière.*

Le rédacteur ne sait donc pas que, pour
mettre le papier sous la presse, il faut aupara-
vant le tremper; il ne sait donc pas que le papier, lorsqu'il sort de dessous la presse, est
tout humide, et qu'il a besoin d'être étendu;
que, si l'on tarde, il se gâte et se perd. Aucun imprimeur de Paris, pour peu que ses
presses soient actives, n'a des ateliers assez

vastes , pour faire toujours chez lui l'opération de l'étendage.

Après que les feuilles d'un livre sont imprimées, puis séchées , tout n'est pas fini : il faut réunir ces feuilles, les assembler, et l'assemblage demande aussi beaucoup d'espace. Il existe dans Paris une profession spéciale d'étendeurs et d'assembleurs. Un livre a besoin ensuite d'être ou broché ou relié, ce qui alimente encore une branche d'industrie particulière.

On ne se contentera sans doute pas, à la direction de la librairie ou aux secrétariats de préfecture des départemens, que les imprimeurs fournissent, à mesure de l'impression , leurs feuilles détachées, mouillées, sans ordre.

Refuser de laisser sortir des ateliers une partie quelconque de l'édition avant quelle soit terminée tout entière , c'est donc obliger d'ajouter aux ateliers de composition et aux presses , des ateliers d'étendage, d'assemblage, de brochure, de satinage; c'est décréter que les professions d'étendeur, de brocheur, de satineur, sont supprimées ; c'est ordonner aux imprimeurs de se charger d'un loyer dont souvent ils ne pourront pas supporter le fardeau. Et, qu'on le remarque : tantôt, dans les momens de travail, il faudra aux imprimeurs un très vaste emplacement, tantôt, leurs immenses ateliers seront déserts, lorsque l'ouvrage baissera, lorsqu'il surviendra quelqu'évènement politique dont l'influence paralysera les affaires, quelque loi de perfidie ou de terreur qui glacera la circulation des capitaux , quelques ministres inhabiles qui feront gronder des orages, précurseurs de troubles et de guerres, sur un pays tranquille , aimant et voulant la paix.

L'article 4 veut que l'édition tout entière soit gardée en magasin dans les ateliers de l'imprimeur dix ou cinq jours après le dépôt; il faudra donc, dans ses ateliers, de vastes magasins, où la masse des éditions entières, souvent volumineuses, de tout ce qu'il imprimera devra être bouleversée par des déplacemens continuels : ce qui, pour le dire en passant, joint à toutes les opérations accessoires qui accompagnent la publication d'un livre, ne pourra manquer habituellement de doubler ou de tripler le délai de cinq ou de dix jours.

Pourquoi la salutaire habitude des enquêtes ne s'est-elle point introduite dans la confection de nos lois? quelques questions adressées à des gens du métier, auraient épargné aux auteurs du projet la présentation d'un article qui décèle tant d'inexpérience.

'L'article 2 apporte 'un petit nombre d'exceptions à l'obligation de garder les ouvrages pendant cinq ou dix jours. Pour ne parler que de quelques-unes, on voit que les mémoires sur procès non déposables sont bornés à ceux qui seront signés par un avocat inscrit au tableau. Ainsi les observations d'une partie pour sa propre défense, celles de l'avoué qui occupera dans la cause, le mémoire rédigé par le jeune stagiaire, devront attendre pour paraître, que le procès soit jugé. Le privilège accordé aux avocats du tableau n'aura, je pense, rien qui les flatte : avocat et privilége sont des mots qui vont mal ensemble ; on comprend mieux avocat et liberté.

Les journaux et écrits périodiques ne sont dispensés du retard de publication, que lorsqu'ils paraissent plus de deux fois par mois ; un journal mensuel qui a pour désavantage particulier, d'être devancé par les publications quotidiennes, ne s'en trouvera que plus arriéré.

Une disposition, glissée dans cet article 2, parle des avis et affiches dont la publication aura été permise par l'autorité municipale. Qu'entend-on par-là? A-t-on voulu donner, furtivement et sans bruit, un caractère légal à la faculté que s'arroge la police d'exercer sur les affiches une censure préalable.

On voit bien dans l'article 2, qu'il y a exception pour les lettres pastorales, mais on ne dit pas ce qui en sera pour les circulaires commerciales, ou pour des invitations à un mariage ou à un enterrement.

L'article 3 punit de 1000 francs pour la première fois, et de 2000 francs pour la seconde, l'imprimeur qui imprimerait un plus grand nombre de feuilles que le nombre énoncé dans la déclaration qu'il a dû faire préalablement à la direction de la librairie ou à la préfecture de son département.

Parle-t-on du nombre des feuilles de l'ouvrage ou du nombre des exemplaires? Le nombre des feuilles ne peut jamais d'avance être calculé qu'approximativement sur la vue du manuscrit; on sait, de plus, que souvent la transcription du manuscrit n'est pas terminée au moment où l'impression commence, et l'on ne prétend sans doute pas interdire à l'auteur le droit de développer et d'étendre ses idées à mesure que son ouvrage s'imprime; parle-t-on du nombre des exemplaires? Une explication serait nécessaire sur ce point. Il n'est pas sans exemple que des ouvriers infidèles aient tiré, pour leur propre compte, des exemplaires en sus du nombre ordonné.

Qu'adviendra-t-il dans ce cas? Faudra-t-il que l'imprimeur, puni pour avoir été volé, soit frappé d'une amende, et menacé de perdre son brevet. Si quelqu'un, dirigé par l'instinct du bon sens, voulait réfuter notre objection, en nous disant que nul n'est responsable que de ses faits personnels, il faudrait qu'il sût, qu'en matière de contravention, la jurisprudence n'admet pas le maître à se justifier par la négligence de ses commis ou ouvriers.

Contre les écrits de cinq feuilles et au-dessous, c'est peu des dispositions dont il vient d'être parlé, et de l'obligation du dépôt cinq jours avant la publication. On dirige contre eux de plus rudes attaques : on a imaginé de les assujétir en outre, par l'article 5, à un timbre d'un franc pour la première feuille ou pour une simple fraction de feuille, et à un timbre de dix centimes pour les autres feuilles ou fractions. L'article 5 ne dit même pas si la subvention du dixième sera perçue; ce qui porterait le timbre de la première feuille à un franc dix centimes, et à onze centimes celui des autres.

Ici toute dissimulation est impossible; le but est apparent, on veut prévenir les publications, non pas seulement par la censure préalable, mais par un empêchement complet.

La censure préalable est mauvaise; elle met à la discrétion d'un ou plusieurs individus le sort des écrivains; un ciseau subalterne tranche arbitrairement, et de sa pleine puissance, tout ce qui lui déplaît; mais du moins quelque chose passe; ce qui, aux yeux du censeur, est utile ou inoffensif peut se publier. Avec le timbre c'est toute autre chose; on censure en masse; bon ou mauvais, louanges ou critiques, tout est arrêté.

On se justifie de cette destruction anticipée de tant de produits de l'intelligence, par quelques phrases dédaigneuses contre les libelles, et l'on trouve plaisant de dire qu'il en paraîtra trente ou quarante de moins par an, et que ce

sera tout l'effet du timbre. Ainsi tout est li-
belle hormis l'énumération suivante que l'article 5 donne dans son second paragraphe.

« Sont toutefois exceptés de cette disposi-
« tion les discours des membres des deux
« chambres, les publications prescrites par
« l'autorité publique, les mandemens et lettres
« pastorales, les catéchismes et livres de prière,
« les livres élémentaires employés dans les
« maisons d'éducation, les mémoires des
« sociétés littéraires et savantes établies avec
« l'autorisation du Roi, les journaux et affi-
« ches qui sont déjà soumis par les lois exis-
« tantes au timbre fixe. »

En vérité, le courage manque pour entrer
froidement dans la discussion d'une telle mesure, dictée au génie des ténèbres par le génie de la fiscalité. Ah! ne vous enveloppez pas
dans d'insidieuses paroles ; ne nommez ni la
vérité, dont le jour vous blesse, ni la liberté,
dont chaque mouvement vous fait peur. Que la
dénomination flétrissante de libelliste ne sorte

pas de votre bouche pour outrager les citoyens
les plus honorables, du moment où ils ne par-
leront au public qu'en quelques pages. Dites-
le tout haut : vous ne voulez pas que le peuple lise. Dites que les livres ne doivent être
faits que pour les gens riches.

On a remarqué déjà que le plus mince vau-
deville coûterait d'impression quinze à dix-
huit cents francs à son auteur, que la plus
frivole romance aurait le timbre à subir, que
les mariages, les morts, les naissances de-
vraient le même tribut : on s'est plaint de l'a-
néantissement des catalogues de librairie et de
cette foule de prospectus très productifs pour
la poste et qui disparaîtront sans profit pour
le timbre. Mais il est d'autres publications encore qui devront cesser, et dont la ruine pénè-
trera de douleur toute âme tant soit peu généreuse. On en peut donner un exemple saillant.

Une société s'est formée à Paris pour en-
courager l'instruction élémentaire : elle a fa-
vorisé, de tous ses efforts, la propagation de

l'enseignement mutuel, et, grâces à elle, beaucoup de Français sont sortis de la classe qui ne vit que d'une existence végétative, pour prendre place parmi les êtres intelligens et libres qui peuvent sentir et penser. Au nombre de ses travaux, bien convaincue que la lecture et l'écriture ne sont que des instrumens, elle a ouvert des concours pour assurer au peuple de bonnes lectures à bon marché; l'année dernière, des prix fort modestes ont été décernés par elle à de petits livres qui se vendent six sous et qui ont pour titre : *la Vaccine justifiée, la Minéralogie populaire, Principes d'économie publique et industrielle, Leçons de morale pratique, Vues de la création, Notions élémentaires sur le Droit.* Cette année un deuxième concours vient de se clore et promet d'heureux résultats : pour tous les ans, un pareil concours était promis. Voilà donc des espérances auxquelles il faudra renoncer; il ne sera plus permis de faire au peuple sa bibliothèque. Ne vous défendez plus maintenant des motifs de la guerre que vous faites si activement aux écoles : dans certains lieux sous la peau du loup, dans d'autres, sous la peau du renard.

Les exceptions du projet parlent des livres élémentaires, employés dans les maisons d'éducation ; c'est rester dans des termes bien vagues, sur un objet qui, dans les circonstances au milieu desquelles nous sommes, ne saurait trop être éclairci. A qui l'autorisation appartiendrait-elle ? Est-ce à l'université ? Si c'était par la liberté de choix laissée aux maîtres que l'on pût interpréter votre silence, il faudrait vous louer de n'en avoir pas dit davantage; mais, ou je me trompe fort, ou personne ne supposera que vous l'ayez ainsi entendu.

Le même vague enveloppe ce qui touche les livres de prières : ce terme comprend-il les livres saints, et est-il démontré que l'on n'ait pas voulu tarir les travaux des sociétés bibliques? Et pourquoi, en effet, distribuerait-on l'Évangile? Ne dit-il pas qu'il ne faut pas mettre la lumière sous le boisseau ? L'égalité devant Dieu, qui y est proclamée à chaque page, n'est-elle pas le type divin de l'égalité de tous les citoyens devant les lois humaines.

Toutes ces prohibitions sont parfaitement conséquentes. Le bon sens de Franklin ne pourra plus, dans des almanachs, répandre l'instruction populaire; et l'admirable Bon-homme Richard, quoique si habile défenseur des taxes, n'aura pas même le droit de parler, pour excuser le nouvel impôt : probablement, d'ailleurs, l'envie ne lui en prendrait pas; car il ne pourrait plus engager les artisans à prélever, sur leurs épargnes, des moyens d'in-struction, mis désormais à un taux trop élevé pour qu'ils pussent l'atteindre. Mais que parlons-nous de Franklin? Si l'on excepte ses mémoires, qu'a-t-il écrit qui ait plus de cinq feuilles? ne nous étonnons pas que l'on en veuille à de pareils libellistes; des pamphlets comme les siens ont servi à changer le monde.

Au nombre des atteintes à la morale publique, il est permis de placer les entraves mises au droit de défense; les mémoires sur procès ne sont pas exemptés du timbre.

On s'écrie, pour toute réponse, que de mauvais livres en petit format ont été répandus avec profusion. Mais, s'il y a de mauvais livres, n'est-ce pas contre eux que les lois pénales sont faites? N'est-ce pas pour les punir que les tribunaux sont institués? La justice répressive a-t-elle manqué à ses devoirs? A-t-elle reculé devant la crainte de se montrer sévère? Personne ne sait encore de quelle source est sorti ce flot de libelles biographiques qui nous a subitement inondés. Les poursuites ont été lentes; mais lorsqu'enfin elles ont été dirigées, leur effet a été prompt, efficace. Si des libelles sont restés impunis, qu'on les nomme. La mesure que l'on sollicite vaut bien qu'on se donne la peine de déclarer les faits sur lesquels on l'appuie. Est-ce *la Charte, le Tartuffe*, que l'on regrette de n'avoir pas atteints? Qu'on le dise donc; et le législateur examinera si c'est à lui à fournir des armes pour supprimer ce que le respect des peuples consacre, et ce que l'on n'oserait point amener devant les tribunaux.

C'est à se passer des tribunaux, c'est à fuir les débats judiciaires, que tous les efforts du projet de loi se sont employés. La haine contre la justice est manifeste en ce qui concerne les journaux.

Eux surtout, sont les ennemis que l'on veut détruire. Leur incommode puissance tient perpétuellement l'opinion publique en haleine. Ils obligent à gouverner tout haut, à discuter chaque matin la légalité de ses actes. Ils demandent compte d'une méprise administrative qui prend l'innocent pour le coupable; ils nous racontent les espérances et les douleurs des peuples qui veulent renaître à la civilisation et de ceux qui sentent leur civilisation déchoir et s'éteindre. Ils échauffent la reconnaissance nationale envers les fils de nos défenseurs. Echos et porte-voix de la tribune et du barreau, ils instruisent les nations sur leurs devoirs et sur leurs droits.

Voilà pourquoi nous aimons les journaux, et pourquoi d'autres les détestent. Mais voici ce qui devrait les réconcilier avec tout le monde.

Par eux un gouvernement peut faire droit aux justes plaintes et se mettre en garde contre toutes les attaques. S'il y a des mécontens, eux-mêmes se manifestent, se grouppent, s'appellent, se répondent. On a une police toute faite dans l'intérieur de chaque parti, et ce sont les partis qui la font eux mêmes. Une expérience constante apprend que les temps où les journaux sont esclaves, sont aussi le temps des fausses nouvelles, des crédulités de l'opinion ; le temps des conspirations et des complots. Lorsque la tribune quotidienne des journaux est ouverte, les mécontentemens s'exhalent, et les explosions ne sont pas à redouter.

Notre ministère se croit les mains assez fortes pour les appliquer sur cette soupape de sûreté. Malheur à lui s'il parvenait jamais à la fermer assez hermétiquement pour que l'on pût, pendant un temps, ne voir s'échapper de nulle part les vapeurs de l'irritation publique!

Dès 1822, l'on avait pris ses mesures pour l'anéantissement des journaux ; mais les tentatives d'amortissement et les procès de tendance n'ayant pas produit leur effet, et les journaux ministériels étant devenus une charge improductive qui consomme des subventions, et qui ne procure pas de lecteurs, le projet nouveau a semblé urgent.

Eteindre les journaux existans, empêcher qu'aucun ne puisse prendre de développemens à l'avenir, telle est la double pensée du projet.

Pour se défaire des journaux existans, on a pris une voie fort courte et fort directe. On a rompu les associations qui existent entre leurs propriétaires; on a forcé ceux-ci, quelque

nombreux qu'ils pussent être, à se réduire au
nombre de cinq. On a exclu les mineurs, les
femmes, les étrangers, les héritiers ; on a
donné force d'exécution provisoire à la décision par laquelle le directeur de la librairie,
ou les préfets, rejetteront les déclarations. On
a menacé de la prison les propriétaires qui,
sur la foi des lois existantes, n'avaient entendu se soumettre qu'à des risques pécuniaires; on a exigé des journaux littéraires, qui
étaient autorisés à paraître sans condition, un
cautionnement préalable qui est, dans les départemens de la Seine, de Seine-et-Oise et de
Seine-et-Marne, de 10,000 francs de rente
pour les journaux quotidiens, et de 5000 fr.
de rente pour les journaux ou écrits périodiques, paraissant à des termes moins rapprochés ; et, dans les autres départemens, de
2500 fr. de rente pour les journaux quotidiens
dans les villes de 50,000 âmes et au-dessus ;
de 1500 francs de rente dans les villes au-
dessous ; et de la moitié de ces rentes pour

les journaux ou écrits périodiques qui paraissent à des termes moins rapprochés.

En détruisant le privilège institué par les lois, au profit des prêteurs des fonds employés au cautionnement, on a destitué de leur propriété tous ceux qui ne pourraient pas trouver dans leur fortune personnelle ce qu'ils avaient jusque-là été autorisés à pouvoir emprunter à d'autres. On a élevé le timbre. On a écrit dans le projet les art. 16 et 17, qu'il faut citer sans réfutation, et qui sont tels, que l'on aurait été condamné comme diffamateur, si, la veille de leur proposition, on avait imputé aux ministres l'intention de les proposer le lendemain. En voici le texte :

« Art. 16. Tous actes, toutes conventions
« ou dispositions, relatifs à la propriété d'un
« journal ou écrit périodique, qui seraient
« faits par l'auteur, ou par les auteurs de la
« déclaration, seront valables, nonobstant
« toutes contre-lettres et stipulations contrai-
« res. Ces contre-lettres ou stipulations seront

« nulles et sans effet envers toutes personnes,
« même envers les parties contractantes.

« Art. 17. Seront nuls et sans effet, tous
« actes, conventions ou dispositions, relatifs
« à la propriété d'un journal ou écrit périodi-
« que, qui seraient consentis par des person-
« nes autres que celles qui auront fait la dé-
« claration. »

Qui l'eût dit, que nous aurions un gouvernement représentatif, une tribune nationale,
une opinion publique toujours vigilante, pour
en venir à entendre tout haut un ministre
annoncer de tels projets ?

Naguère on imposait à la France la charge
énorme de l'indemnité, pour maintenir à la
propriété le respect qui lui est dû ; aujour-
d'hui la propriété est attaquée par le même
ministère à la face des mêmes chambres.

Le droit de propriété cesse-t-il donc
d'être sacré parce qu'il n'est pas inhérent au
sol ? la rétroactivité dans les lois, a-t-elle cessé
d'être une sorte de délit législatif ? la confisca-

tion abolie par la Charte a-t-elle repris place dans nos lois?

Cette atteinte à la propriété acquiert un caractère plus odieux par une déception qui l'a tout récemment accompagnée.

La propriété littéraire, disait-on, n'est pas suffisamment garantie. On voulait protéger les lettres, assurer le sort des écrivains; bien plus, on annonçait le desir d'étendre à toute leur postérité des droits pécuniaires sur leurs ouvrages, afin d'établir ainsi une sorte de noblesse littéraire dont les descendans auraient à perpétuité la faveur de vivre sans travail, grâces aux travaux de leurs ancêtres.

C'était beaucoup, c'était trop pour les lettres. Mais, enfin, il y avait dans cette exagération même un sentiment juste et honorable, qui ne pouvait reposer que sur un profond desir d'équité. Une commission de propriété littéraire fut donc convoquée, non sans quelque éclat. Des hommes de lettres de toute opinion furent réunis. M. Sosthène de La

Rochefoucauld, fier sans doute d'une mission qui convenait si bien à l'héritier d'un nom illustre dans les lettres, prit avec zèle une part active aux travaux de la commission. Un projet de loi consciencieusement discuté est sorti de ce comité d'enquête. C'était à cette session que la discussion en était promise; et voilà qu'au lieu de consacrer et d'étendre les droits des écrivains sur leurs ouvrages, on met en avant un projet spoliateur de tous leurs droits.

N'y a-t-il pas quelque audace à s'être joué ainsi de la commission tout entière et de son président? Voici en quels termes honorables M. de La Rochefoucauld s'exprimait à l'ouverture des séances de la commission : « Je ne « pense pas, Messieurs, devoir combattre ici « quelques suppositions injurieuses qui, je le « sais, ont été faites sur le motif de cette « réunion même. Je croirais outrager votre « caractère et le mien; quand on s'occupe de « garantir l'indépendance des hommes de let-

« tres, en cherchant à assurer leur existence et
« celle de leur famille, se peut-il qu'on soit,
« avec quelque raison, accusé de vouloir les
« enchaîner par de nouveaux liens, autres que
« ceux de la reconnaissance qu'ils doivent au
« prince éclairé qui leur accorde un si noble
« appui. »

Les moyens employés contre les journaux existans sont ceux qui doivent servir, aussi, pour arrêter leur essor à venir. Le projet est combiné de telle sorte qu'il faudra désormais être déjà riche, pour fonder ou pour soutenir un journal, et pour exposer aux hasards d'une lutte de tous les momens sa fortune, sa liberté et son repos. Les riches feront les journaux, et les pauvres ne pourront pas les lire ; le timbre est là pour les en empêcher. On prétend que la portion actuelle de l'état dans les profits des entreprises particulières de journaux, n'est point assez forte ; *on trouve juste que le Trésor royal qui fait d'ailleurs d'autres sacrifices pour les journaux, obtienne une*

meilleure part dans les bénéfices ! Sans contester ce principe étrange , quelque peu sem-
blable aux prétentions des pachas sur le commerce de leurs sujets , sans examiner même
si la part actuelle du trésor n'est pas telle
qu'il pût raisonnablement s'en contenter, qu'il
nous suffise de dire que la spéculation n'est
pas bonne ; que la recette du trésor, au lieu
d'augmenter, baissera ; et que deux et deux ne
font point quatre, en matière d'impôt. N'in-
sistons guères sur ce point ; on se soucie peu
de l'argent de ce timbre, et l'on désire par-
dessus tout n'avoir, sur ce chapitre, qu'un
faible impôt à recevoir.

L'objection dominante dans laquelle les auteurs du projet se complaisent, c'est celle
qu'ils dirigent contre les éditeurs responsables. De toutes les critiques contre la législation existante c'est la seule qui ait le mérite
de s'attaquer à quelque chose de faux ; mais
ce mérite, on perd tout droit à s'en prévaloir,
si à la fiction de la loi antérieure on ne sub-

stitue qu'une fiction nouvelle, plus éloignée de ce qui est vrai, et gâtée par des rigueurs sans mesure. Si les éditeurs responsables ne sont pas les auteurs des articles de journaux, les propriétaires, non plus, ne les ont pas rédigés. Les amendes, en leur faisant souffrir une perte pécuniaire, là où ils ont attendu des bénéfices d'argent, sont la peine vraiment équitable qu'on peut le mieux leur infliger ; et si l'expérience avait prouvé que cette peine ne fût pas assez efficace, c'eût été en l'aggravant encore qu'il aurait fallu perfectionner la législation. Vouloir qu'une faute échappée dans la hâtive rédaction d'un journal s'expie par cinq emprisonnemens solidaires, c'est spéculer sur l'effroi des propriétaires, ce n'est pas atteindre les vrais auteurs du délit.

Il faut s'arrêter sur une matière aussi féconde, que beaucoup de pages n'épuiseraient pas : le sort de la publicité est attaché au sort des journaux. C'est à eux surtout à venger leur propre querelle : leur intérêt personnel

si violemment attaqué leur. en donne le droit :
la mission qu'ils ont prise de représenter le
public, leur en impose le devoir. Déjà ils ont
multiplié les argumens, et ce qui leur reste à
dire surpasse encore tout ce qu'ils ont dit.

La seule partie du projet de loi qui soit
restée répressive, porte jusqu'à l'exagération
l'augmentation des amendes. « L'atrocité des
lois, dit Montesquieu (Esprit des lois, livre 6),
en empêche l'exécution. Lorsque la peine est
sans mesure on est souvent obligé de lui pré-
férer l'impunité. La cause de tous les relâche-
mens vient de l'impunité des crimes et non
pas de la modération des peines. »

Que l'on rapproche ces sages maximes des
innovations du projet de loi.

Le *minimum* des amendes pour les provocations au crime, non suivies d'effet, de 5o fr.
est porté à 5oo francs ; celui des provocations
aux délits, non suivies d'effet , au lieu de 3o
francs, serait de 5oo ; l'outrage ou la dérision
de la religion de l'état ou de toute autre reli-

gion dont l'établissement est légalement re-
connu en France, et l'outrage aux ministres de
ces religions, dans l'exercice de leurs fonctions, seraient punis d'un *minimum* de 5000 fr.
au lieu de 3oo; les offenses envers la personne
du Roi auraient pour *minimum* 5ooo francs
au lieu de 5oo; les offenses envers les membres de la famille royale, les chambres, les
souverains, et les chefs des gouvernemens
étrangers, 5ooo francs au lieu de 1oo; les diffamations, au lieu de 25 et de 5o francs de
minimum en auraient un de 1ooo francs. Les
maximum de ces diverses amendes sont éle-
vés à 10,000, 15,000 et 20,000 fr.

Voici dans quels termes, lors de la discussion de la loi du 17 mai 1819, M. Jacquinot
de Pampelune, demandait l'abaissement des
minimum alors proposés :

« La charte a aboli la confiscation. Gardons-
nous de rendre illusoire cette bienfaisante
disposition, en obligeant les juges à pronon-
cer des amendes trop considérables. La confis-

cation a été abolie, parce que cette peine, ne pesant pas seulement sur le condamné, mais sur sa famille, punissait des malheureux pour un crime dont ils étaient innocens : les amendes trop fortes produiraient le même résultat.....

· « Ne craignez pas de laisser aux tribunaux une grande latitude dans l'échelle d'application des peines ; soyez assurés qu'en général ils n'en abuseront pas. Il n'est aucun de ceux de mes honorables collègues exerçant des fonctions dans la magistrature, qui ne vous déclare que les tribunaux ont gémi souvent sur les dispositions impératives qui ne leur permettaient pas de fixer les peines au-dessous d'un *minimum* déterminé ; en fixant d'ailleurs un *maximum* pour l'amende, vous évitez jusqu'à la crainte d'une peine trop sévère, et, à tout prendre, puisque l'arbitraire est indispensable, il est juste, il est humain, il est digne de vous, de lui accorder toute latitude dans une proportion descendante, en fixant pour l'amende un *minimum* beaucoup plus faible que celui qui a été proposé. »

Voilà les véritables principes, ceux que l'humanité avoue, ceux qui aident à une bonne justice.

L'élévation du *minimum* et celle du *maximum* doivent être appréciées séparément.

La presse, dites-vous, a épouvanté tout le monde par ses débordemens ; il vous paraît impossible de porter plus loin les excès. Eh bien ! contre ces désordres, qu'apparemment le ministère public n'a pas laissés sans poursuite, les tribunaux se sont-ils plaints de l'insuffisance des peines ? Ont-ils fréquemment appliqué le *maximum* ? Leur justice a-t-elle murmuré de ce qu'il n'existât pas de plus fortes amendes ? S'il en eût été ainsi, personne ne devrait s'étonner que l'on demandât aujourd'hui de nouvelles rigueurs. Mais les faits se sont passés tout autrement. Je ne sais si les nombreuses condamnations qui sont intervenues offrent un seul cas , où la limite du *maximum* ait été atteinte.

Le *maximum* n'avait donc pas besoin d'être élevé. Mais ceci est de peu de conséquence. On peut s'en reposer sur le bon sens des juges du soin d'éviter ces excès.

Quant à l'élévation du *minimum* , c'est toute autre chose : — elle fait injure aux tribunaux, elle les accuse de faiblesse et d'impuissance, elle se défie d'eux. Une telle disposition étonne peu dans le projet : on sait assez qu'il ne s'est pas inquiété de rendre hommage à la magistrature.

Il nous reste, en continuant à suivre l'ordre du projet, à nous occuper de deux dispositions, de celle qui permet de poursuivre d'office tout délit de diffamation, commis envers les particuliers, lors même que la personne diffamée n'aurait pas porté plainte, et de celle qui rend l'imprimeur responsable de plein droit de toutes les condamnations pécuniaires prononcées contre l'auteur.

La poursuite d'office des diffamations contre les particuliers est une des plus funestes présens que l'on ait pu faire aux citoyens et aux familles. Pourquoi les mettre en scène, malgré eux, et traîner leur nom dans des débats publics, lorsque, peut-être, tout les engage à se taire? Pourquoi ne permettre ni un silence prudent ni un juste dédain?

La responsabilité infligée, de plein droit, aux imprimeurs est une des dispositions capitales du projet : peu de ressources préventives sont douées d'une efficacité aussi forte. L'idée de censure était ici tellement inévitable que l'expression s'est d'elle-même présentée à l'auteur de l'exposé des motifs; on veut, a-t-il dit, donner aux auteurs des censeurs naturels, éclairés et libres.

Il serait difficile de dire qui est le plus vivement blessé des imprimeurs, des écrivains, ou de la société tout entière.

La société y gagne la censure, l'un des attentats les plus graves que l'on puisse com mettre contre ses droits ; la censure dont les effets, toujours funestes, quelles que soient les mains dans lesquelles on la place, interceptent le libre commerce de la vérité. La société y gagne le renchérissement des livres ; car une industrie, restreinte de plus de moitié, et enchaînée par tant d'entraves de la gêne desquelles il faudra qu'elle s'indemnise, ne pourra livrer ses produits qu'à un prix plus haut.

Les écrivains sont attaqués dans leur génie, dans leur réputation, et jusque dans leur dignité. Les voilà obligés de solliciter, comme une grâce, l'intervention d'un imprimeur ; au lieu de commander un ouvrage, ils imploreront un service ; ce sera les favoriser beaucoup que de ne pas exiger qu'un cautionnement soit fourni d'avance, et cette faveur ne pourra même pas être étendue aux jeunes gens inconnus encore, ni aux hommes d'une solvabilité douteuse. Un imprimeur imposera des corrections, contre sa propre volonté, contre ses opinions personnelles, mais sous l'influence de la censure la plus redoutable de toutes, de celle de la peur. Que d'autres déboires à subir! Une impression est commencée: pendant que le livre se fabrique, l'imprimeur exige des changemens auxquels l'auteur se refuse : qui jugera entr'eux? quel tribunal, sans enfreindre sa compétence, contraindra l'imprimeur à poursuivre à ses risques et périls? que deviendront les dépenses déjà faites? qui réparera tant de pertes de temps ?

Les imprimeurs, devenus ainsi seigneurs suzerains de la littérature, à la charge toutefois de la prison et des amendes, de quels malheurs les menace cette dignité dont on les accable malgré eux! Les progrès de la vie sociale ont enseigné aux hommes les moyens de réparer les coups de fléaux inattendus; un remède existe contre le feu, la grêle; l'incertitude même de l'heure de la mort n'empêche pas de garantir du pain, sur ses revenus viagers, à sa veuve, à ses enfans... mais qui assurera les imprimeurs contre le fléau de leur ruine? Lequel s'endormira tranquille, en pouvant se dire que le lendemain, lui et sa famille ne seront pas réduits à la misère? Et que l'on ne taxe pas d'exagération ces paroles : mettez ce qu'il en coûte avec des amendes de dix, de vingt mille francs, avec des dommages-intérêts et des frais de justice; supposez une édition commencée, où se trouveront engagés des capitaux considérables; quel commerçant saisi à l'improviste de 3o, 5o, 1oo mille francs de perte, et souvent davantage, pourra répondre que toutes ses combinaisons ne seront pas renversées et qu'il lui sera permis de faire honneur à ses engagemens.

Mais, dit-on, les imprimeurs seront préservés, s'ils prennent le soin de tout lire eux-mêmes. Cruelle dérision! Des jurisconsultes, des magistrats ne peuvent souvent pas se mettre d'accord sur la culpabilité d'un livre; des jugemens sont réformés sur l'appel : des

arrêts sont rendus après de vives discussions,
et sans unanimité des voix; et l'on veut que
des imprimeurs, quand même ils auraient
reçu en don l'universalité des connaissances
humaines, deviennent des juges infaillibles,
et des censeurs impeccables. Mais que, du
moins, l'on recule devant l'impossibilité phy-
sique. Calculez le temps qu'il faudra employer
à la lecture attentive de tout ce qu'on imprimera et de tout ce qu'on refusera d'imprimer;
ajoutez-y le temps qu'exigent aussi des imprimeurs, la surveillance de leurs ouvriers dont
ils répondent, la garde de leurs éditions ter-
minées, la vigilance sur leurs presses de peur
qu'il n'en sorte une feuille de plus que le
nombre déclaré, les déclarations, les dépôts,
les visites d'inspecteurs; et dites un peu quels
momens leur resteront pour leurs affaires;
quand ils s'occuperont de leur art et de ses
progrès; quand ils s'approvisionneront de
leur matériel; quand ils concluront leurs
marchés; quand ils suivront leurs recouvre-

mens ; quand ils tiendront leurs livres ; quand ils payeront leurs ouvriers; quand ils mettront au courant leur correspondance.

Et ce n'est pas tout. Auprès de ces nouvelles responsabilités pécuniaires si effrayantes, établies par le projet, reste la loi actuelle avec ses rigueurs déjà presqu'intolérables. Car , qu'on ne s'y trompe pas, cette loi que l'on censure amèrement, comme si impuissante et si douce , elle est déjà, pour les imprimeurs, une source, sans cesse renaissante , d'inquiétudes et de dangers. L'article 24 de la loi du 17 mai 1819 punit les imprimeurs , comme complices, lorsqu'ils ont agi sciemment; cette disposition, qui serait conforme aux principes de la loi pénale si on la restreignait dans ses termes les plus étroits, est aggravée outre mesure par l'article 12, toujours subsistant, de la loi du 21 octobre 1814, qui permet à l'administration, et non à la justice, de retirer le brevet, après la condamnation la plus légère. La jurisprudence n'a pas, à beaucoup près, affaibli les rigueurs de la loi ; dans ces derniers temps, par exemple, l'irritation très légitime que le scandale des biographies avait causée, s'est étendue contre les imprimeurs de toutes sortes d'ouvrages en petits formats, avec une telle sévérité, que l'on n'a admis comme excuse, ni la publication antérieure du même ouvrage sans poursuite, ni l'incertitude de culpabilité de l'ouvrage, incertitude prouvée par un acquittement en première instance, ni les distractions pénibles de la mort d'un père, ni l'absence du maître imprimeur, pendant tout le cours de l'impression. *

Et voilà les lois que l'on accuse d'impuissance ; que l'on veut réformer par l'aggravation des amendes, tout en laissant subsister l'emprisonnement, et, ce qui passe toute croyance, par une responsabilité de plein droit ! Une discussion est-elle nécessaire pour

---

* Procès des imprimeurs *Cabuchet*, *Duverger*, *Belin*, *Béraud*.

réfuter un tel oubli de tous les principes de pénalité? Chacun ne sent-il pas contre de telles prétentions une révolte intérieure, plus éloquente que toutes les paroles?

Le temps nous a pressés, et ces réflexions tracées à la hâte indiquent bien faiblement quelques-uns des maux dont le nouveau projet menace la France. Une discussion solennelle va s'ouvrir ; les défenseurs de nos libertés outragées s'animeront à la vue de la noble cause dont ils sont les espérances et l'appui. Tant d'intérêts matériels blessés au vif ne sont pas ce qui doit parler le plus haut. Appauvrir la France, troubler son industrie, ôter le pain de ses ouvriers, c'est avoir bien mal mérité d'elle; mais l'humilier dans ce qui fait sa gloire; mais la présenter au monde comme indigne de voir en face la vérité; mais éteindre, autant qu'on le pourra, cette belle civilisation dont elle a été trop fière peut-être de porter le foyer dans son sein : voilà le plus sanglant des affronts; voilà ce que tout ami de son pays, ce que tout homme qui sent la dignité de sa nature, pourra pardonner peut-être, mais certes n'oubliera jamais.

FIN.

IMPRIMÉ CHEZ PAUL RENOUARD, RUE GARENCIÈRE, N° 5. F.-S.-G.

www.ingramcontent.com/pod-product-compliance
Ingram Content Group UK Ltd.
Pitfield, Milton Keynes, MK11 3LW, UK
UKHW020937120726
13693UKWH00003B/1376